AF509914

REGLEMENS

ET

STATVTS,

Concernans le Commerce, Art, & Fabrique des draps, or, argent & soye, & autres Etoffes mélangées, qui se font dans la Ville de Lyon & Faux-bourgs d'icelle, & dans tout le Païs de Lyonnois.

A LYON,

Chez ANTOINE IVLLIERON Imprimeur ordinaire du Clergé, & de la Ville, ruë raisin, à l'Enseigne des deux Viperes.

M. DC. LXVII.

AVEC PERMISSION.

EXTRAIT DES REGISTRES
du Conseil d'Eſtat.

REGLEMENS ET STATVTS
Concernans le Commerce, Art, & Fabrique des Draps,
or, argent, & ſoye, & autres Etoffes mélangées, qui ſe
font dans la Ville de Lyon & Faux-bourgs d'icelle,
& dans tout le Païs de Lyonnois, tirez des anciens Re-
glemens, augmentez, diminuez, ou corrigez, pour eſtre
obſeruez à l'aduenir ſous le bon plaiſir de ſa Majeſté,
& de Iuſtice, & propoſez par les Maiſtres dudit Art,
ſouſſignez.

PREMIEREMENT.

IL eſt tres-expreſſement deffendu à tous Marchands & Maiſtres ouuriers de draps d'or, d'argent, ou de ſoye, de trauailler ny faire trauailler aucuns de leurs Ouuriers, pour quelque cauſe ou ſous quelques pretextes que ce ſoit, les jours de Dimanche, & Feſtes annuelles, Feſtes de la Vierge & des Apoſtres, & à tous Compagnons, Ouuriers, & Apprentifs d'aller au Cabaret pendant le ſeruice Diuin, & aux Cabarettiers de

4

les receuoir, le tout à peine de dix liures d'amande contre chacun des contreuenans : A l'effet dequoy sera rendu Ordonnance par les Officiers de Police, & icelle publiée & affichée, & renouuellée de trois mois en trois mois.

I I.

Comme aussi tres-expresses deffenses sont faites à tous Marchands & Maistres dudit Art d'exposer en vente aucunes de leurs marchandises, & à tous Marchands, tant de cette Ville que Forains, d'achepter aucunes Etoffes & marchandises les jours de Dimanche & Festes cy-dessus marquées, à peine contre les contreuenans de confiscation des marchandises, & de cinq cens liures d'amande, tant contre les Acheteurs que contre les Vendeurs.

I I I.

Tous Marchands & Maistres dudit Art, trauaillans ou faisans trauailler, se trouueront le jour & Feste de l'Assomption de la sainte Vierge, Patronne de ladite Communauté, en l'Eglise des Peres Iacobins de ladite Ville de Lyon, sur les neuf heures du matin, où sera ditte, & celebrée annuellement vne Messe haute & solennelle, où seront obligez les Maistres dudit Estat d'assister, à peine de cinq sols contre les deffaillans.

I V.

Le lendemain, ou le jour d'apres, à pareille heure

se

se celebrera vne autre Meſſe haute & ſolennelle pour le repos des ames des Maiſtres dudit Art decedez dans le cours de l'année, à laquelle aſſiſteront pareillement tous les Maiſtres de ladite Communauté, ſous les meſmes peines.

V.

Et arriuant le deceds de l'vn des Maiſtres dudit Eſtat, ou de leurs femmes, leur corps eſtant porté en terre, ſera accompagné des ſix Maiſtres Gardes en charge, qui ſeront à cette fin aduertis par les Clercs de la Communauté, qui s'y trouueront pareillement, apres en auoir donné aduis aux autres Maiſtres dudit Corps, qui ont paſſé par les Charges.

V I.

Pour faire obſeruer & executer les preſens Statuts & Reglemens dudit Art, il y aura à l'aduenir ſix Maiſtres-Gardes au lieu des quatre qui ſont à preſent, leſquels quatre Maiſtres continueront leur Charge iuſqu'à la fin de l'année preſente, auquel temps, pour compoſer ledit nombre de ſix Gardes, les trois plus anciens des quatre continueront encore leur exercice l'année ſuiuante, & au lieu de celuy qui ſortira de Charge en ſera nommé trois autres ainſi ſucceſſiuement d'années en années, & à la fin de chacune les trois plus anciens ſortiront, & en ſera nommé trois en leur place: en ſorte qu'ils demeureront deux ans en Charge, & qu'il y en aura toûjours trois anciens pour

A 3 instruire

inftruire les noũueaux , & les rendre plus capables de leurs fonctions, laquelle eflection defdits trois nouueaux Gardes fe fera : fçauoir deux par Meffieurs les Preuoft des Marchands & Efcheuins , le Ieudy auant le Dimanche de la nomination defdits Sieurs Preuoft des Marchands & Efcheuins, & l'autre par trente Maiftres des plus confiderables de la Communauté, outre les Anciens qui auront paffé par les Charges ; lefquels trente Maiftres feront choifis par lefdits Sieurs Preuoft des Marchands & Efcheuins , fur la lifte de tous les Maiftres dudit Art , qui leur fera prefentée par les Maiftres & Gardes eftant en Charge , quatre jours auant la Fefte de Saint Thomas , afin de faire fçauoir par les Clers de ladite Communauté, aux Maiftres qui feront choifis , de fe trouuer au Bureau d'icelle ledit jour , ou le lendemain de ladite Fefte Saint Thomas, pour faire eflection dudit autre Garde, qui entrera en Charge au commencement de l'année fuiuante, auec les deux autres nommez par lefdits Sieurs Preuoft des Marchands & Efcheuins ; & feront tenus lefdits Maiftres & Gardes ainfi nommez, de prefter le ferment pardeuant lefdits Sieurs Preuoft des Marchands & Efcheuins, & auffi pardeuant Monfieur le Lieutenant General, de bien & deüement faire les vifites , & empefcher les abus & maluerfations qui fe peuuent commettre contre les prefens Reglemens ; & pour les contrauentions à iceux , ils fe pouruoiront pardeuant lefdits Sieurs Preuoft des Marchands & Efcheuins, pour eftre par eux procedé contre les contreuenans , ainfi

qu'il

qu'il appartiendra : Comme auſſi ſeront eſlus & choi-
ſis tous les ans par leſdits trente Maiſtres & Anciens,
deux anciens Maiſtres dudit Corps, pour viſiter &
marquer les manufactures des ſix Maiſtres & Gardes
en charge, tant en leurs maiſons qu'en celles des autres Maiſtres qui trauaillent à façon pour eux, comme
il ſera dit cy-apres en l'Article cinquante-trois, à chacun deſquels Gardes & Anciens ſera déliuré gratis vne
Commiſſion en la maniere accouſtumée, pour les au-
thoriſer en la fonction & exercice de leurs Charges.

V I I.

Et afin que la largeur ordonnée par leſdits Statuts
& Reglemens ſoit obſeruée ſans abus, auront leſdits
Maiſtres Gardes, & Anciens Maiſtres, des meſures de
fer ou de metail, qui ſeront faites à proportion deſdites largeurs, leſquelles ſeront marquées aux deux
extremitez, des armes du Roy & de la Ville, qui leur
ſeront miſes entre les mains, entrant en charge, par
leſdits Sieurs Preuoſt des Marchands & Eſcheuins : leſquels Maiſtres Gardes, & Anciens Maiſtres, ſortans de
charge, remettront à ceux qui leur ſuccederont leſdites
meſures, enſemble les Liures, Priuileges, & Actes concernant les affaires dudit Eſtat, comme auſſi les Rolles
des Viſites, le tout par Acte à la forme accouſtumée,
& rendront compte du maniement des deniers appartenans à ladite Communauté, quinze jours apres eſtre
ſortis de charge, à ceux qui reſteront, & qui y ſeront
entrez en leur place, en la preſence dudit Sieur Preuoſt
des

des Marchands, & d'aucuns des Escheuins deputez du Corps Consulaire, le tout sans frais.

VIII.

Il est enjoint aux Marchands & Maistres dudit Estat, d'ouurir aux Maistres Gardes, & Anciens, faisant leurs Visites, leurs Maisons, Boutiques, Magazins, Armoires, Ouuroirs, & autres lieux soupçonnez d'y auoir des Etoffes & Marchandises dependantes & mentionnées aux presens Statuts & Reglemens, à peine de vingt-cinq liures d'amande, & de confiscation desdites Etoffes, Marchandises, ou Vtencilles, qui ne seront de la bonté & qualité requise par lesdits Statuts & Reglemens.

IX.

Les Maistres-Gardes, & Anciens dudit Estat, s'assembleront vne fois la semaine dans leur Bureau, pour y entendre les denonciations & plaintes des Marchands & Maistres de ladite Communauté ; comme aussi des Compagnons, Apprentifs, & autres Personnes employées aux manufactures ou dépendances des draps d'or, d'argent & de soye, pour estre par lesdits Maistres Gardes pourueu sur le differant des parties : Et d'autant que lesdites plaintes & querelles ne peuuent estre terminées sans oüir les deux Parties, celle qui sera defaillante, ou appellante, payera trois liures, pour employer aux frais de la Communauté ; & ce qui sera reglé par deffaut, sera executé jusqu'à nouuelle

uelle Assemblée, ou jusques à fin de procez, qui
sera jugé par lesdits sieurs Preuost des Marchands &
Escheuins.

X.

Les Maistres Gardes faisant leurs Visites, les Maistres
dudit Estat leur donneront par écrit les noms & surnoms de leurs Apprentifs & Compagnons, pour estre
enregistrez sur le Liure de la Communauté ; & s'il se
trouuoit des Compagnons, ou fils de Maistres, qui
leuassent Boutique, & fissent trauailler sans auoir sa-
tisfait aux presens Statuts, les Maistres Gardes, en cas
de doute contre aucuns d'iceux, les pourront obliger
à verifier comme ils sont Maistres, & estans refusans,
seront contraints par corps à faire ladite Verification,
en cas qu'ils trauaillent à façon ; & s'ils trauaillent
pour eux, ils seront aussi contraints par saisie de Marchandises, Mestiers & Vtencilles à icelle Verification ;
comme aussi representer leurs Liures ausdits Maistres
Gardes toutefois & quantes qu'ils en seront requis,
pour les informer des noms de ceux pour qui ils trauailleront.

X I.

Il est enjoint à tous Compagnons tant de la Ville,
que Forains, qui trauailleront ausdites Manufactures,
de donner leurs noms & surnoms aux Maistres Gardes faisant leurs Visites ; Ensemble leur faire voir
leurs Obligations & Quittances d'Apprentissage, &

B   Certificats

Certificats des fils de Maiſtres , pour eſtre enregiſtrez ſi le tout eſt en bonne forme, ſinon il leur ſera interdit de trauailler , & deffences à tous Maiſtres de les employer juſqu'à ce qu'ils ayent ſatisfait à ce que deſſus, à peine de trente liures d'amande.

XII.

Pour ſubuenir à partie des frais qui ſe font és Viſites ſuiuant l'injonction deſdits Sieurs Preuoſt des Marchands & Eſcheuins de cettedite Ville par les Maiſtres Gardes dudit Eſtat , pour empeſcher les abus & maluerſations qui ſe commettoient par faute de les faire ; les trente ſols qui ſe payeront, tant par les Apprentifs entrans en Apprentiſſage,que par ceux qui ſeſont remis à d'autres Maiſtres , & les trente ſols des Apprentifs qui ſeront receus pour Compagnons , & pareille ſomme qui ſera payée par leſdits Compagnons receus Maiſtres , demeureront au profit des Maiſtres Gardes en charge , & ſeront les Enfans de l'Aumoſne Generale , entrans en Apprentiſſage , exempts de payer leſdits droits.

XIII.

Les Velours forts , vulgairement appellez ſix liſſes, qui ſe feront en la Ville de Lyon , Fauxbourgs d'icelle , & Seneſchauſſée , pourront eſtre de deux ſortes ; ſçauoir à quatre poils & à trois poils , & ſe feront en vn peigne de vingt portées, qui font ſoixante portées de chaiſne ; ceux de quatre poils ſeront de quatre-vingts
portées

portées de poil , chacune portée de quatre-vingts filets ; & ceux de trois poils feront foixante portées de poil , & foixante portées de chaifne, chacune portée de quatre-vingts fils ; lefdits Velours à quatre poils eftant de huit fils de poil pour dent , & ceux à trois poils , à fix fils de poil pour dent ; à la charge que les poils & chaifnes feront d'organfin filez & tordus au Molin , & tramez de trame doublée & montée au Mo'in , le tout cuit, & de bonne, pure, & fine foye, fans qu'on y puiffe employer aucun floret, ny autres efpeces prouenuës de la bourre de foye ; & feront lefdits Velours de largeur d'onze vingts quatriéme d'aune entre les deux lizieres, qui feront marquées, fçauoir celles des Velours à quatre poils par quatre chenettes, & celles des Velours à trois poils par trois chenettes, lefdites lizieres eftant de couleurs differentes. Et quant aux Velours dont la chaifne, trefme & poil feront tout cramoify , il y aura vn filet d'or ou d'argent fin dans le milieu de la liziere, pour les diftinguer de ceux où il y aura des couleurs communes , le tout à peine de foixante liures d'amande , & de confifcation des Marchandifes.

XIV.

Il eft permis de faire des Velours de moyens & bas prix ; fçauoir les moyens à deux poils, & à vn poil & demy ; & ceux du plus bas prix, qu'on appelle petits Velours ordinaires, à vn poil, lefdites trois fortes de Velours eftant toutes à quatre liffes ; & fe feront lef-

B 2

dits

dits Velours de deux poils, ou poil & demy, en vn peigne de vingt portées, c'eft à dire pour les deux poils quarante portées de chaifne, & quarante portées de poil, chacune de quatre-vingts fils; & pour ceux d'vn poil & demy, de quarante portées de chaifne, & trente portées de poil. Et quant aux petits Velours de bas prix, ne pourront eftre faits à moins de dix-neuf portées de peigne, qui font trente-huit portées de chaifne, & dix-neuf portées de poil, chacun de quatre-vingts fils; lefquels poils & chaifnes de toutes lefdites trois fortes de Velours, ne pourront eftre que Organcin fillé & tordu au Molin, & les trefmes de bonne & pure foye, le tout cuit & non cruë, (comme autrefois) attendu que la foye cruë auec la cuite eft fauffe en deux manieres : La premiere, qu'elle eft de fauffe teinture; & la feconde, qu'elle corrompt & coupe la cuite : Et feront tous lefdits Velours de onze vingts quatriémes de largeur entre les deux lizieres, lefquelles feront marquées par deux chenettes pour le Velours à deux poils, & pour le Velours à vn poil & demy, d'vn cofté à deux chenettes, & de l'autre à vne : Et pour ceux de bas prix, à vne chenette de chaque cofté, pour la diftinction entiere defdits Velours, & éuiter qu'ils ne foyent debitez les vns pour les autres; le tout fur les peines que deffus.

X V.

Feront auffi les Maiftres dudit Eftat toutes fortes
de

de Velours figurez & raz, coupez & tirez, comme aufli des Panes ; à la charge que les chaifnes & poils ne feront qu'Organcin filé & tordu au Molin, & tramé de pure & fine foye cuite & non cruë, & feront de largeur de onze vingts quatriémes, à peine de confifcation, & de foixante liures d'amande.

XVI.

Pourront lefdits Maiftres dudit Eftat trauailler & faire trauailler toutes fortes d'Etoffes, & draps d'or & d'argent fins ; comme Brocards, Satins, Damas, Tabis à fleurs, Velours, Toille d'or & d'argent tant pleines que figurées, & generalement toutes autres Etoffes fous quelques noms qu'elles puiffent eftre, dont les chaifnes & poil feront d'Organcin filé & tordu au Molin, & tramé d'or & d'argent fin, & les trames doublées & montées au Molin, fans Fleurette, Galette, ou autres efpeces prouenuës de bourre de foye ; & feront lefdites Etoffes faites en vn peigne de onze vingts quatriémes d'aune de largeur entre les deux lizieres, à peine de foixante liures d'amande, & de confifcation.

XVII.

Feront pareillement les Maiftres dudit Eftat toutes fortes de Satins, Damas, Venitiennes, & Damafin, Luquoifes, Valoifes, & generalement toutes autres Etoffes figurées à la tire, fous quelques noms qu'elles foient, où il n'y aura or ny argent ; comme

auffi

auſſi les Satins plains ; de toutes leſquelles Etoffes les chaiſnes & poil ſeront Organcin filé & tordu au Mo-lin, & trames montées au Molin, le tout de bonne & pure ſoye cuite, ſans y pouuoir employer Fleuret, Galette, ny autres eſpeces prouenuës de bourre de ſoye, & ſeront faites en peigne de onze vingts-qua-triéme d'aune entre les deux liziers, ſous les meſmes peines cy-deſſus.

XVIII.

Les Taffetas en deux ou trois fils par chacune dent de peigne, auront les chaiſnes d'Organcin filé tor-du au Molin, & les trames montées & doublées au Molin, le tout de pure & fine ſoye cuite : Sçauoir les Taffetas à trois fils ne pourront eſtre de moindre lar-geur que de cinq octaues entre les deux liziers ; & pour ceux à deux fils, ils ſeront de onze vingts-qua-triéme d'aune de largeur auſſi entre les deux liziers, & ne pourront eſtre à moindre compte : Sçauoir ce-luy de onze vingts-quatriéme que de vingt-quatre portées, & celuy de cinq huitiémes pour les deux fils, de trente-deux portées, de quatre-vingt fils chacu-ne ; Et pour les diſtinguer, auront les trois fils par dent vne liziere à chainette de differente couleur, & n'y pourra eſtre employé aucun Fleuret, Galettes, ny aucunes autres eſpeces prouenuës de bourre de ſoye.

XIX.

Feront auſſi des Taffetas noirs luſtrez, & de toutes
couleurs,

couleurs, tant à quatre, six & huit filets par chacune dent de peigne qu'au dessus, lesquels ne pourront estre faits en moindre compte ; sçauoir les Taffetas à quatre fils, appellez vulgairement ordinaires, que de demy aune de largeur, & auront en chaîne quarante-huit portées, & ceux de cinq octaues, soixante portées de quatre-vingts fils châcune. Les fortes en demy aune de largeur auront soixante portées, & ceux qui seront en cinq, huit, en auront soixante-quinze ; & quant aux noires qui feront de onze-vingts-quatriéme, ils auront vne ou deux lizieres de couleurs differentes à la chaîne, & feront les chaînes d'organcin fillé & tordu au Molin, & trafme doublée & montée audit Molin ; fous les mesmes peines contenües aux precedens Articles.

X X.

Comme auffi feront les Taffetas figurez, à la marche, rayez en long & à trauerfes, mouchetez & nuancez, Tabis figurez, & generallement de quelque maniere & couleur qu'on les puiffe faire, tant à quatre, cinq, six fils par dent de peigne, qu'au deffus. Seront de bonne & pure foye, & de onze-vingts quatriême d'aune entre les deux lizieres, aux mesmes peines des Articles precedens.

X X I.

Sera permis de faire des Fillatrices, Papelines, & autres femblables Etoffes plaines ou figurées, de quelque
que

que nom qu'elles foient nommées, tant à deux & quatre fils qu'au deffus ; feront les chaifnes d'Organcin tordu & fillé au Molin, & les trames de Fleuret, Galette, ou autre bourre de foye, & feront de la largeur de demy aune & demy aune demy quart entre les deux lizieres, & auront vne liziere de chaque cofté de l'Etoffe de differentes couleurs à la chaifne.

X X I I.

Pourront faire toutes fortes d'Etoffes plaines façonnées ou rayées, où il y aura or ou argent faux en trame, meflangées auec foye, fil, laine, ou cotton ; lefquelles auront vne feule liziere de couleurs differentes à la chaifne, pour eftre reconnües fauffes ; & feront toutes d'vne demy aune de largeur, pour les rendre differentes d'auec les draps d'or fins, qui n'ont que demy aune moins vingt-quatriémes de largeur, à peine de confifcation, & de foixante liures d'amande.

X X I I I.

Et quant à la fabrique des Moires liffes ou vnies, Ferandines, Camelots, & toutes autres fortes d'Etoffes meflangées, foit de poil de chevre, laine, fillet, ou cotton, auront pareillement vne liziere de differente couleur de la chaifne, pour eftre diftinguées, en forte qu'elles ne puiffent paffer pour Etoffes de pure foye, à l'exception des Ferandines & Moires où ne fera mis aucune liziere, & feront de quatre largeurs ; Sçauoir d'vn quartier & demy, demy aune moins vn'
onziéme,

onziéme , demy aune , & demy aune & vn feize : & ne
feront compris les lizieres dans aucunes des largeurs,
de quelque Marchandife que ce foit cy-deuant dite ;
le tout à peine de confifcation , & de vingt-quatre
liures d'amande.

X X I V.

Feront des Toilles de foye , Gaze , Eftamines ,
Crapaudailles, Prifonniers , & generalement toutes
autres femblables Etoffes qui feront tant en chaifne
qu'en trame, de bonne & pure foye, à peine de confifcation, & de vingt-quatre liures d'amande.

X X V.

Comme auffi fera permis aux Maiftres dudit Eftat
de faire trauailler toute forte de gros Crefpes crefpez,
Crefpes vnis & lis, en mefme façon & qualité que
ceux qui viennent de Boulogne, aprés toutefois le
temps expiré du Priuilege accordé au Sieur Bourgey,
en cas qu'il fatisfaffe au Priuilege, finòn joüiront du
prefent Article.

X X V I.

Feront les Marchands & Maiftres dudit Eftat appareiller & moliner leurs foyes , & pourront auoir Molins à foye pour les apprefter , acheter & vendre ; & feront lefdites foyes Suryes , Belledines , Cantal, & Mi-
lan, filées de deux points de retordement, qui eft feize
fous dix-huit pour retordre ; & lefdites foyes fines au-

C

ront

ront ſix points, qui eſt vingt ſous quatorze ; les ſoyes
communes ſeront fillées de point ſous le point, qui eſt
ſeize ſous ſeize, & quatorze ſous quatorze, & les ron-
des courront de deux points, & ſeront retorces de
quatre points, & les communes de ſix.

X X V I I.

Ne pourront les Marchands , & Maiſtres dudit
Eſtat, auoir qu'vn Apprentif, & ne le pourront prendre que pour cinq ans ; les fils ou filles de Maiſtres ne
tiendront lieu d'Apprentif, & ſeront les Breuets d'Apprentiſſage paſſez pardeuant Notaires & Témoins, à
peine de nullité ; & demeureront les Apprentifs
actuellement en la maiſon & ſeruice de leurs Maiſtres,
& non hors de leurdite maiſon.

X X V I I I.

Ne pourront les Apprentifs s'abſenter du ſeruice de
leurs Maiſtres pendant le temps de leur Apprentiſſage ſans cauſe legitime ; pourra le Maiſtre faire arre-
ſter ſon Apprentif par tout où il le trouuera pour
luy faire paracheuer ſon temps, ſinon le ſommer par
Acte authentique, s'il eſt Maiſtre de ſes droits, par-
lant à ſa perſonne, ou domicile par luy eſleu, aux fins
qu'il ait à continuer ſon ſeruice, & aprés auoir attendu vn mois, pourra le faire rayer & forclorre du Liure
de l'Eſtat, & en prendre vn autre, ſans que l'Apprentif qui l'aura quitté puiſſe ſe preualoir du temps qui
ce ſera eſcoulé pendant ſon premier Apprentiſſage ;
ſauf

sauf à luy à s'obliger de nouueau auec vn autre Maiſtre pour le meſme temps de cinq ans ; & en cas que
ledit Apprentif reuint auant que d'eſtre rayé, ſon Maiſtre le pourra reprendre en parfourniſſant le temps per-
du, temps pour temps, & non pour argent ; & ſi le
Maiſtre auoit pris vn ſecond Apprentif, ſans auoir
fait rayer le premier, ſera ledit dernier Apprentiſſage
de nul effet, & le Maiſtre condamné à l'amande de
trente liures, & aux dépens, dommages, & intereſts
dudit ſecond Apprentif.

X X I X.

Ne pourront les Maiſtres dudit Eſtat débaucher,
ou attirer chez eux l'Apprentif d'vn autre Maiſtre, ny
luy donner de l'employ directement, ny indirecte-
ment, à peine de ſoixante liures d'amande, & ne
pourront leſdits Maiſtres congedier leurs Apprentifs
ſans cauſe legitime, & jugée telle par les Maiſtres-
Gardes en charge ; & en cas qu'aucun d'iceux Maiſtres
n'eut de l'ouurage pour occuper ſon Apprentif, il le
remettra entre les mains deſdits Maiſtres-Gardes,
pour luy pouruoir d'vn autre Maiſtre, à peine de
trente liures d'amande; & ne pourra le Maiſtre qui
remettra ledit Apprentif en obliger vn autre, qu'il
n'ayt dequoy l'employer.

X X X.

Et au cas qu'vn Maiſtre dudit Eſtat s'abſente de la
Ville, & laiſſe ſon Apprentif ſans employ pendant vn

mois, il fera loifible aux Maiftres-Gardes en charge, de remettre l'Apprentif chez vn autre Maiftre pour paracheuer le temps de fon Apprentiffage, fans que ledit Maiftre, en cas de retour, puiffe reprendre ledit Apprentif, ny en obliger vn autré, qu'aprés le temps expiré de fondit Apprentif, à peine de trente liures d'amande, & de nullité des Breuets.

X X X I.

Et d'autant que les Maiftres-Gardes dudit Eftat employent beaucoup de temps pour remettre lefdits Apprentifs d'vn Maiftre à vn autre ; en confideration de ce, il leur fera payé, par le Maiftre à qui l'on remettra l'Apprentif, la fomme de quatre liures, ainfi qu'il c'eft toujours pratiqué.

X X X I I.

Pour empefcher les fautes & abus, & faire qu'vn Maiftre ne puiffe tenir qu'vn Apprentif, tous Maiftres feront tenus de les reprefenter en perfonne auec les Actes obligatoires, huit jours aprés la reception defdits Actes, pardeuant lefdits Maiftres-Gardes dans leur Bureau, comme auffi les Actes de remife defdits Apprentifs, le tout à peine de trente liures d'amande : Et feront iceux Actes enregiftrez fur les Liures dudit Eftat, & fera pour ce payé par le Maiftre trente fols, fauf fon recours fur l'Apprentif.

XXXIII.

XXXIII.

Apres que les Apprentifs auront finy le temps de leur Apprentiſſage, leurs Maiſtres feront obligez de leur donner Quittances en bonne forme, ſauf à eux à ce pouruoir pour ce qui leur eſt deub à cauſe dudit Apprentiſſage ; & feront tenus leſdits Maiſtres de faire faire par leſdits Apprentifs vne aune de Velours, ou de Satin, ou de Damas, ou bien de Brocards d'or & d'argent huit jours aprés la fin dudit Apprentiſſage, en leurs Maiſons, ou Bureau de la Communauté, les Maiſtres-Gardes appellez, afin d'enregiſtrer ledit Apprentif au Liure des Compagnons, pour donner d'autant plus de preuue de ſa capacité ; & ſera tenu ledit Compagnon, dont la Quittance ſera regiſtrée, de payer par les mains de ſon Maiſtre trente ſols en celle des Maiſtres-Gardes, & à leur profit.

XXXIV.

Toutes perſonnes feront receus Maiſtres dudit Eſtat en faiſant apparoir de leur Breuet d'Apprentiſſage pendant cinq ans, & ayant trauaillé cinq autres années pour Compagnons chez les Maiſtres de ladite Ville, en payant ſeulement les droits cy-aprés ordonnez, & les fils de Maiſtres feront receus ſans payer aucuns droits, en faiſant apparoir qu'ils ont l'âge de quinze ans complets ; & feront tenus leſdits fils de Maiſtres, & Compagnons receus Maiſtres, de preſter le ſerment pardeuant Meſſieurs les Preuoſt des Marchands

chands & Efcheuins de ladite Ville de Lyon , & leurs noms feront infcripts fur le Liure particulier de tous les Maiftres de la Communauté , qui demeurera entre les mains du Secretaire de ladite Ville dans l'Hoftel commun d'icelle, & pareillement feront auffi infcripts fur vn Regiftre de la Communauté , qui fera au Bureau d'icelle , & fera payé à chacun Maiftre-Garde en charge par l'afpirant à la Maiftrife , qui ne fera fils de Maiftre , trente fols , & vingt fols au Secretaire pour ledit Acte , fans autres frais ny dépens , mefmes de feftins que nous deffendons eftre faits , à peine de foixante liures d'amande contre chacun de ceux qui les feront & les accepteront.

X X X V.

Les Maiftres Forains & Eftrangers , Compagnons, & fils de Maiftres auffi Forains & Eftrangers arriuans en cette Ville, aprés vn trauail de cinq ans , fans difcontinuation, chez vn Maiftre d'icelle, acquerront le droit de franchife de pouuoir paruenir à la Maiftrife : & en cas qu'ils apportent le fecret de quelque Etoffe nouuelle , ils feront difpenfez defdites cinq années de feruice, par vne Affemblée de vingt Maiftres des plus confiderables de la Communauté, qui feront choifis par lefdits Sieurs Preuoft des Marchands & Efcheuins , & par les Anciens qui auront paffé par les Charges , & des Gardes en charge , à la pluralité des voix ; aprés quoy ledit Forain ou Eftranger fera receu dans ledit Corps , en payant vingt liures de droits pour les

affaires

affaires de la Communauté, & vingt fols pour l'Acte
de fa reception ; & en confequence de leurdite reception , fous le bon plaifir du Roy , iceux Ouuriers
Eftrangers feront declarez Naturels & Regnicoles, &
difpenfez du droit d'Aubeyne, fans que pour ce ils
foient tenus de prendre d'autres Lettres de Naturalité
que ces prefentes, ny pour ce payer aucune finance ;
& joüiront eux & leurs fucceffeurs, & ayans caufe, des
biens & acquifitions qu'ils auront faites, & feront cy-
aprés en ce Royaume,comme les autres Sujets de fa Majefté, en trauaillant actuellement , ou faifant trauailler
aufdites Manufactures : & en cas qu'ils quittent le
Royaume pour aller demeurer en Païs Eftrangers, tous
leurs biens appartiendront à fa Majefté ; & neanmoins
nul ne pourra à l'aduenir eftre receu Maiftre dudit
Eftat pour demeurer dans ladite Ville , Fauxbourgs, &
Senefchauffée de Lyonnois , s'il ne fait profeffion de la
Religion Catholique, Apoftolique & Romaine.

X X X V I.

Que fi vn Compagnon Forain dudit Art, Maiftre,
ou fils de Maiftre Forain , s'eftant fait enregiftrer fur
le Liure de l'Eftat en qualité de Compagnon , venoit
à époufer vne Vefve, ou fille de Maiftre dudit Art,
il fera exempt de feruir les Maiftres le temps porté par
lefdits Statuts , & fera receu comme les fils de Maiftres
par franchife, en payant cinq liures pour les affaires de
la Communauté , & vingt fols au Secretaire , pour
l'expedition de fondit Acte de reception.

X X X V I I.

XXXVII.

Qu'aucuns Maiſtres dudit Art ne pourront donner à trauailler aux Compagnons Forains, qu'ils ne leur faſſent apparoir, au moins dans vn moins, d'vn Certificat des Gardes & Iurez du lieu d'où ils viennent, comme ils eſtoient Compagnons audit lieu, & que les Maiſtres chez leſquels ils auront trauaillé ſont contents de leur ſeruice & fidelité ; lequel Certificat ſera mis és mains des Maiſtres & Gardes Iurez du lieu où ils auront employ, le tout à peine de ſoixante liures d'amande.

XXXVIII.

Les Maiſtres dudit Eſtat qui trauailleront à façon pour les autres Maiſtres à cauſe de leur indigence, comme auſſi les Compagnons, Ouuriers, Apprentifs, Teinturiers, Deuidereſſes, & autres perſonnes employées audit Eſtat de la ſoye, ne pourront vendre, engager, ny retenir la Marchandiſe, ſoye, ny vtenciles à eux confiez pour manufacturer, teindre, apreſter ou deuider, à peine d'eſtre punis corporellement comme Voleurs domeſtiques, & ſeront jugez preſidialement & en dernier reſſort ; & ſubiront leſdits Maiſtres trauaillans à façon les meſmes Loix que les Compagnons. Deffences à tous Fabriquans de prendre ny donner employ à aucuns Ouuriers, ſans qu'au prealable ils leur faſſent apparoir du Certificat du dernier Maiſtre qui les aura employé, & Certificat des Gar-

des

des en charge , qui y appoferont le fceau de leurdit
Corps ; & ne pourront lefdites Etoffes, Soyes,ou Vtenciles feruant audit trauail, eftre faifis pour leurs debtes
particulieres, amandes, ou autres chofes femblables.
Sera permis aux Maiftres qui feront trauailler, de re-
clamer, fuiure, mefme enleuer lefdites Soyes, Etoffes & Vtenciles à eux appartenans, nonobftant toutes faifies, priuileges, oppofitions, appellations, &
autres chofes contraires en vertu du prefent Article ;
& fi lefdits Maiftres ou Ouuriers s'abfentent de ladite
Ville de Lyon fans rendre compte defdites Soyes,
Etoffes ou Vtenciles, ils pourront eftre pris & arreftez
à la fimple requifition defdits Marchands, & Maiftres
dudit Eftat, en quelques lieux qu'ils foient, comme
Larrons & Debiteurs fugitifs, & conduits és prifons de
ladite Ville de Lyon , pour eftre leur procez fait &
parfait, ainfi qu'à ceux qui auront pratiqué ou aydé
aufdits vols & fraudes, fuiuant les Priuileges dudit
Eftat, Arrefts, & Declarations de fa Majefté, verifiez
où befoin a efté.

XXXIX.

Sous le bon plaifir du Roy, les Etoffes, Soyes , Fleuret, poil de Chamaux, fil, cotton, & autres matieres feruant aufdites Manufactures, ne pourront eftre
faifies ny enleuées pour quelques debtes que ce foit,
au prejudice de la preferance appartenant à celuy qui
les aura venduës, dont le prix, ou partie d'iceluy luy
feroit encores deub ; mefme les Outils, Molins, Me-
D

ftiers,

ftiers, & autres Vtencilles, ne pourront eftre faifis, pour quelques debtes que ce foit, au prejudice de la preferance appartenant à celuy qui les aura venduës, dont le prix ou partie d'iceluy luy feroit encores deub; mefmes les Outils, Molins, Meftiers, & autres Vtencilles, ne pourront eftre faifis pour quelques debtes que ce foit, fi ce n'eft pour les Loyers des maifons qu'ils occupent: Et mefmes, en confequence du Reglement du Confeil de fa Majefté du quatriéme Iuillet mil fix cens foixante-quatre, regiftré en la Cour des Aydes de Roüen, & de l'Arreft du Confeil du vingt-fixiéme Nouembre mil fix cens foixante-cinq, donné en faueur des Manufacturiers de la Ville d'Aumalle, & dix lieuës aux enuirons; deffences feront faites à tous Collecteurs des Tailles, & de l'Impoft du fel, & à toutes perfonnes, pour quelque caufe que ce foit, de faire faifir ny enleuer, & vendre lefdites matieres, Vtencilles & Meftiers feruans à ladite Manufacture de draps de foye de ladite Ville de Lyon, & dix lieuës aux enuirons d'icelle, pourueu qu'ils trauaillent actuellement aufdites Fabriques; & à tous Huiffiers & Sergens de faire lefdites faifies, à peine d'interdiction de leurs Charges, cinq cens liures d'amande, & de tous defpens, dommages & interefts; & à cet effet les prefens Statuts & Reglemens, Arrefts & Lettres Patentes, qu'il plaira au Roy d'accorder pour l'Omologation d'iceux, feront regiftrées au Secretariat de la Ville, leuës, publiées, & affichées par tout où befoin fera.

XL.

X L.

Nul ne pourra trauailler, ny faire trauailler en ladite Ville & Fauxbourgs de Lyon pour foy, pour vendre & debiter, s'il n'eft incorporé, ou receu, & paffé Maiftre dans ledit Corps, à peine de confifcation des Marchandifes, & deux cens liures d'amande.

X L I.

Les Maiftres dudit Eftat, qui prendront des Maiftres pour trauailler à façon, Compagnons, fils ou filles de Maiftres, feront tenus de fçauoir fi les Maiftres d'où ils feront fortis en font contents; mefmes les peres & meres defdits fils & filles de Maiftres, & à faute de ce faire, feront condamnez en foixante liures d'amande. Et eft expreffement deffendu à tous Maiftres de ne debaucher les Ouuriers de chez vn autre, fous quelques pretextes que ce foit, ny pour leur faire aucune auance, aux mefmes peïnes que deffus.

X L I I.

Si vn Maiftre donne congé à vn Ouvrier, il fera l'aduertir vn mois auparauant, & auffi ledit Ouvrier ne pourra aller trauailler chez vn autre Maiftre, fans auertir au prealable vn mois pareillement; & fera tenu ledit Ouvrier d'acheuer la piece d'ouvrage qu'il aura montée ou commencée, quelque temps qu'elle dure, à peine de vingt liures d'amande; toutefois, en cas d'infuffifance dudit Ouvrier, pourra ledit Maiftre le met-

D 2

tre

tre dehors quand bon luy femblera : Et en cas qu'vn
Maiftre donne congé aux Maiftres Compagnons , &
Ouvriers trauaillans pour eux à façon , l'ancien Maiftre ne pourra contraindre le nouueau Maiftre chez lequel lefdits Compagnons & Ouvriers iront trauailler,
de luy payer, fur ce qui luy fera deu , que la huitiéme
partie du trauail de l'Ouvrier ; & au contraire, quand
l'Ouvrier quittera fon Maiftre en luy donnant congé,
fera le nouueau Maiftre tenu de payer comptant tout
ce qui fera deu par ledit Ouvrier à fon dernier Maiftre , auant que de pouuoir employer ledit Ouvrier,
fur les mefmes peines que deffus ; & ne pourront lefdits
congez valider s'ils ne font par écrit.

X L I I I.

Les Vefves des Maiftres dudit Eftat pourront en-
tretenir le negoce de leur defunt mary , & l'Apprentif
qui leur fera laiffé pourra acheuer fon temps d'Apprentiffage chez ladite Vefve , au cas qu'elle faffe trauailler , finon fera remis entre les mains des Maiftres-
Gardes , pour luy eftre pourueu d'vn autre Maiftre ;
& ne pourra prendre aucun nouueau Apprentif, à peine de nullité, & de foixante liures d'amande.

X L I V.

Tous les Marchands , & Maiftres dudit Eftat , ou
leurs Vefves faifant fabriquer , tiendront vn Liure, &
Regiftre, de la quantité & qualité des foyes, or ou argent qu'eux ou leurs Commis auront deliurées aux
Maiftres

Maiſtres ou Ouvriers pour mettre en œuure ; comme auſſi les Soyes & Etoffes receuës deſdits Maiſtres & Ouvriers, auec le poids, aunage & façon ; enſemble l'argent compté & auancé. Le ſemblable ſera obſerué par leſdits Maiſtres, ou Ouvriers, leſquels auront auſſi vn Regiſtre pardeuers eux, écrit de la main deſdits Marchands,& Maiſtres, ou de leurs Commis ; leſquels Liures en cas de differents, ils ſeront tenus reſpectiue-ment d'exiber, & à deffaut d'exibition par l'vn d'i-ceux, foy ſera ajouſtée à celuy des deux qui ſera repre-ſenté, comme ſi c'eſtoit Ecriture authentique faite entre leſdits Marchands,& Maiſtres-Ouvriers.

X L V.

Que tous Teinturiers, Maiſtres-Ouvriers dudit Eſtat, & Deuidereſſes deſdites ſoyes, ſeront tenus de montrer & exhiber auſdits Marchands, & Maiſtres, toutefois & quantes qu'ils en ſeront requis, les ſoyes qu'ils auront receües pour teindre, ouvrer ou deuider; à quoy ils pourront eſtre contraints par priſon en cas de refus. Deffences auſdits Teinturiers de defaire ou deuider les Pantines de ſoye creüe ny teinte, & les rendront en la forme qu'ils les auront receuës, ſauf la couleur, ſous pareille peine de priſon, & dommages & intereſts des Marchands, & des Maiſtres : Comme auſſi deffences ſont faites auſdits Teinturiers de tein-dre aucunes ſoyes à demy bain, vulgairement appel-lé teinte ſur cru, ſi ce n'eſt pour eſtre employées aux Creſpes & Toilles de ſoye ; A l'effet dequoy ſeront

D 3   leſdits

lefdits Teinturiers obligez d'en donner aduis aux Maiftres-Gardes defdits Ouvriers en foye, & de leur declarer les noms & demeure des Proprietaires defdites foyes, dont lefdits Maiftres-Gardes feront mention fur leurs Regiftres, pour prendre connoiffance de l'employ d'icelles; & où ledit employ en feroit fait à autres Etoffes qu'aufdits Crefpes & Toilles de foye, feront icelles confifquées, & le Proprietaire condamné à deux cent liures d'amande: Et faute par ledit Teinturier de faire ladite declaration, fera condamné en foixante liures d'amande, & interdit pour trois mois de fa fonction.

X L V I.

Ne pourront lefdits Teinturiers, Moliniers, Maiftres Ouvriers trauaillans à façon, & Deuidereffes, charger ny humecter, huiller ou engraiffer les Marchandifes ou foyes qui leur feront données, ce qui les rend defectueufes & de beaucoup moindre prix, & les fait changer de couleur, & deuenir moifies & tachées à la grande perte du Marchand, & de la reputation de la Fabrique de ladite Ville; mais les rendront bien feiches & conditionnées, mefme les Roquets fur lefquels elles feront deuidées; & feront lefdits Roquets marquez de la marque du Maiftre à qui ils appartiendront, à peine contre lefdits Ouvriers de foixante liures d'amande, & de punition corporelle.

XLVII.

XLVII.

Seront les Maiſtres dudit Eſtat trauaillans à façon, garans de toutes les ſoyes & Etoffes qui leur ſeront miſes entre les mains , & ne pourront s'excuſer ſous ombre de la faute des Deuidereſſes , & porteront la perte deſdites ſoyes & ouvrages en leurs propres & priuez noms, ſauf leurs recours ; & ſeront les differents de cette qualité reglez par les Maiſtres-Gardes en charge.

XLVIII.

Pourront faire des Taffetas à Iarretieres d'vn tiers de large de pure & fine ſoye , dont les chaiſnes ſeront d'Organcin fillé & tordu au Molin apreſt de Lyon, à peine de confiſcation , & de vingt-quatre liures d'amande.

XLIX.

Pourront les Marchands & Maiſtres dudit Eſtat trauailler & faire trauailler, vendre , achepter , troquer, eſchanger & debiter, tant en gros qu'en détail, de toutes les Etoffes cy-deſſus , aux bontez & qualititez exprimées.

L.

Il eſt deffendu à toutes ſortes de perſonnes faiſant profeſſion de vendre ou achepter , comme auſſi à tous Tauerniers, Hoſtelliers, Boulangers , Reuendeurs, & generalement toutes ſortes de perſonnes de quelques

ques qualitez qu'elles foient, d'achepter, troquer, ny prendre pour gage en depofts, aucunes foyes cruës ou teintes, aucunes Etoffes fabriquées & à fabriquer, tant defdits Maiftres-Ouvriers trauaillans à façon, que des Teinturiers, Compagnons, Deuidereffes, Apprentifs, ny autres perfonnes interpofées, à peine de cent liures d'amande, & d'eftre punis comme Receleurs, fuiuant la rigueur defdits Reglemens, & Priuileges dudit Eftat ; leur eftant enjoint de fe faifir defdites Marchandifes de foye qui leur feront apportées, & de ceux qui s'en trouueront chargez, & remettre icelles entre les mains des Maiftres-Gardes, fi faire le peuuent, finon leur nommeront ceux qui auront prefenté lefdites foyes & Marchandifes, & la caufe pour laquelle ils n'auront peu s'en faifir, fous peine de prifon.

L I.

Pour empefcher les Courratages fecrets, abus, & larcins qui fe commettent ordinairement, des foyes cruës ou teintes, draps d'or, d'argent ou de foye manufacturez, il eft tres-expreffement deffendu à tous les Maiftres dudit Meftier, Courratiers, ou autres perfonnes de quelle qualité & condition qu'elles foient, de porter, ou faire porter lefdites foyes & Marchandifes, ny les montrer pour les vendre, ou faire vendre, aux Marchands & Eftrangers, dans les maifons particulieres, Hoftelleries ou Cabarets, ny ailleurs, finon aux Boutiques & Magazins des Marchands, & Maiftres-

Ouvriers

Ouvriers dudit Eſtat, ou des Marchands qui font
profeſſion de vendre deſdites ſoyes & Marchandiſes,
à peine de confiſcation d'icelles, & de cent cinquan-
te liures d'amande contre ceux qui les achepteront, &
de punition corporelle contre les Ouvriers & Courratiers qui contreuiendront au contenu du preſent Article. Ne pourront les Maiſtres Ouvriers vendre ou
debiter és lieux permis que leurs propres Marchandiſes, ſans qu'il ſoit permis auſdits Maiſtres Ouvriers, ou
autres Marchands vendans leſdites Marchandiſes, de
les faire montrer, courrater, & vendre par vn autre
Ouvrier, aux peines que deſſus.

L I I.

Et d'autant que les Courratiers commettent de
grands abus, en ce que vendant les Marchandiſes ils
fruſtrent bien ſouuent le Proprietaire de partie du
prix, gardent les deniers pluſieurs jours, changent les
eſpeces, & cauſent vne perte conſiderable au Commerce deſdites Etoffes de draps d'or, d'argent & de
ſoye ; Il eſt deffendu à tous Marchands, & Maiſtres
Ouvriers faiſant profeſſion d'achepter & vendre deſdites Marchandiſes, de les confier aux Courratiers,
pour icelles porter, montrer, & vendre és lieux permis & licites, & ſera tenu ledit Maiſtre de l'accompagner ou faire accompagner par ſa femme, enfans, ou
domeſtiques qu'il commettra, pour faire, ou voir faire
ladite vente & payement, à peine de confiſcation des

E Marchan

Marchandifes, de foixante liures d'amande , & punition exemplaire.

LIII.

Pour toujours preuenir les abus, & empefcher qu'il
ne foit vendu & debité aucune Marchandife & Etoffe
que des largeurs , bontez & qualitez mentionnées aux
prefens Statuts & Reglemens ; deffences font faites à
tous Marchands, & Maiftres dudit Eftat , de vendre,
ny d'expofer en vente aucun drap d'or, d'argent, foye,
& autres Etoffes meflées de poil de chevre, fleurette,
gallette , fil , cotton & laine , qu'elles ne foient marquées à la marque du Fabriquant , laquelle fera mife
fur vn plomb au chef de la piece , & fera tenu chacun
defdits Fabriquans de donner vne empreinte de leurdite marque aufdits Maiftres-Gardes , afin qu'en con-
noiffant les abus & contrauentions qui pourroient
auoir efté faites dans la fabrique de ladite piece, on
en puiffe punir les veritables Autheurs ; & feront auffi
toutes lefdites Marchandifes veuës, vifitées, & marquées par lefdits Maiftres-Gardes en charge, au Bureau de la Communauté dudit Corps (où elles feront
apportées à cet effet) d'vn petit plomb, où feront d'vn
cofté les armes de ladite Ville de Lyon, & de l'autre
cofté celles de ladite Communauté ; & mefmes pour
auffi empefcher que les Maiftres-Gardes en charge
n'abufent de leur authorité, pour couurir les defe-
ctuofitez des Marchandifes qui leur appartiendront ;
icelles feront veuës, vifitées, & marquées par les deux
anciens

anciens Maiftres dudit Corps qui auront efté nommez & choifis à cet effet , comme il eft dit au fixiéme
Article des prefens Statuts , & à cette fin feront lefdites Marchandifes apportées en ladite Chambre de la
Communauté,& auront, pour ce faire, lefdits Anciens
vne marque differente d'vn cofté,de celles dont lefdites
Gardes fe feruiront. Deffences de vendre aucune defdites Marchandifes , fous le nom de fabrique eftran-
gère , & deffences à tous Marchands , Fabriquans ,
Commiffionnaires , & autres , de changer les marques
des Marchandifes appofées à icelles par les Gardes &
anciens Maiftres , par les Ouvriers qui les auront fabriquées , pour les mettre fur d'autres Marchandifes,
ny d'en appofer aucunes qui ne foient de la marque des
fabriques ; le tout à peine de confifcation d'icelles , &
de foixante liures d'amande pour la premiere fois , &
pour la feconde de fix cens liures.

L I V.

Tous Marchands , & Maiftres dudit Eftat feront
tenus de payer aux Maiftres & Gardes en charge pour
la marque de chacune piece d'Etoffe douze deniers,
dont la moitié fera au profit & pour les affaires de la
Communauté, & l'autre moitié pour lefdites Gardes.

L V.

Et comme il arriue que plufieurs Maiftres ayant
contracté des debtes auec ceux pour lefquels ils trauail-
loient , font en aprés reduits à trauailler pour Compa-

E 2   gnons ;

gnons ; deffences font faites à tous Maiftres dudit Eftat
de les employer en cette qualité, qu'au prealable ils
n'ayent arrefté cópte auec ceux dont ils font debiteurs,
& iceux fatisfait, à peine de foixante liuresd'amande.

L V I.

Et d'autant qu'il c'eft gliffé vn grand abus dans la
profeffion des Courratiers, lefquels changeant de
qualité fe difent tantoft Marchands, tantoft Commiffionnaires, au moyen dequoy les Maiftres Ouvriers trauaillans à façon, Compagnons, & autres fe
feruans defdites perfonnes, font vendre impunement
leurs Marchandifes, ou celles de leurs Maiftres, &
Marchands, à eux données pour ouurer ; il eft enjoint
aufdites perfonnes de faire choix de l'vne defdites
qualitez, & fera obligé celuy qui voudra prendre la
qualité de Courratier, de fe faire infcrire en l'Hoftel de
Ville, & prendre des Lettres, fans qu'aprés il puiffe
negocier en qualité de Marchand, ny puiffe auoir
aucunes Marchandifes chez luy pour vendre ; & pre-
nant la qualité de Marchand, ne pourra faire aucun
acte ny fonction de Courratier, à peine d'eftre priué
& interdit de l'vne & l'autre defdites qualitez & fonctions, & de confifcation des Marchandifes, & cent
liures d'amande.

L V I I.

Aucuns Marchands, & Maiftres dudit Eftat, ou
Vefves, ne pourront cy-aprés aduoüer aucune fabrique,

que, ny prester leurs noms pour tenir Boutique, trauailler ou faire trauailler aucuns Ouvriers, à peine de soixante liures d'amande, tant contre l'aduoüant que contre celuy qui se fera aduoüer ; & en cas de doute, pourront les Maistres-Gardes faire venir à serment les Compagnons seruans, & Maistres-Ouvriers, pour sçauoir la verité, & demeureront de nul effet toutes semblables pactes & conuentions qui seroient faites à l'aduenir, sans prejudice à ceux qui peuuent auoir esté faits cy-deuant pardeuant Notaires, dont le temps n'est encores expiré, lesquels actes & conuentions à present faites, les desnommez en iceux seront tenus de faire enregistrer au Registre de la Communauté desdits Ouvriers en draps de soye, vn mois aprés la publication des presens Statuts & Reglemens, à peine de nullité d'iceux.

LVIII.

Et attendu que la defectuosité des Manufactures procede ordinairement du deffaut & experience des Maistres qui y trauaillent, & qui ne sont admis dans les Corps des Arts & Mestiers, qu'en vertu des Lettres de Maistrise, sans faire aucun Apprentissage, ny chef-d'œuure, d'où s'ensuit beaucoup d'inconueniens ; pour y remedier, sous le bon plaisir du Roy, aucun ne pourra à l'aduenir estre receu Maistre dudit Art, tenir Boutique, ouurer, ny faire trauailler en ladite Ville & Fauxbourgs de Lyon, sous pretexte d'aucunes Lettres de Maistrise.

E 3   LIX.

L I X.

Deffences font faites à tous Maiftres dudit Eftat de faire ourdir aucunes Chaifnes pour manufacturer Etoffes & draps d'or, d'argent ou de foye, & d'autres Etoffes meflangées, qu'en leurfdites Maifons & Ouvroirs, ou chez les Maiftres ou Vefves dudit Eftat, à peine de confifcation defdites Marchandifes & Ourdiffoirs.

L X.

Et d'autant que plufieurs perfonnes, au prejudice du public, & de ceux de la Profeffion dudit Eftat, abufent des priuileges, franchifes, & immunitez octroyées aux Ouvriers d'or, d'argent, & de foye non reuoquez, & fruftrent le Roy de fes droits, nul ne pourra joüir defdits priuileges fubfiftans, s'il n'eft de ladite qualité, & s'il ne trauaille ou fait trauailler actuellement de ladite Profeffion, fuiuant les Arrefts des Cours Souueraines.

L X I.

Que tous les Maiftres, Compagnons, & Ouvriers dudit Eftat, ne pourront faire aucunes Affemblées pour quelque caufe & occafion que ce foit, fans permiffion par écrit defdits Sieurs Preuoft des Marchands & Efcheuins, à peine d'eftre declarez perturbateurs du repos public, & faifeurs de monopoles, & comme tels eftre punis fuiuant la rigueur des Ordonnances.

LXII.

L X I I.

Et parce qu'il fe trouue des perfonnes lefquelles abufiuement font vente des foyes, vulgairement appellées tors fans filé, qui font fort difficiles à diftinguer d'auec les organcins filez & tors, finon aprés qu'ils font teints, dont arriuant plufieurs conteftations & procez, pour lefquels empefcher, deffences font faites à tous Marchands de vendre le tors fans filé pour organcin filé & tors, à peine de confifcation des Marchandifes, & de foixante liures d'amande.

L X I I I.

Auront les Maiftres dudit Eftat en leurs maifons vn Liure des prefents Statuts & Reglemens, afin qu'ils n'en pretendent caufe d'ignorance du contenu en iceux, lefquels ils feront tenus montrer aux Maiftres-Gardes lors des Vifites ; auront pareillement dans leurs Boutiques & Ouuroirs vne feüille imprimée concernant les Compagnons & Apprentifs, & autres Domeftiques, fur ce qu'ils doiuent obferuer, le tout tiré des prefens Reglemens, à peine de trente liures d'amande ; & à cet effet les Maiftres-Gardes en charge feront obligez de faire faire aux fraix & des deniers de la Communauté vn Rolle de tous les Maiftres dudit Corps, aufquels, fuiuant iceluy, ils déliureront gratuitement, pour vne feule fois, vne copie imprimée des prefens Statuts & Reglemens, fignée du Secretaire de ladite Ville de Lyon, & leur en feront figner la reception,

ption, afin qu'ils foient inexcufables aux contrauentions en iceux.

L X I V.

Seront toutes les amandes adiugées pour les contrauentions au prefent Reglement applicables, fçauoir, vn quart à l'Aumofne Generale, l'autre quart aux
pauures Maiftres de la Communauté, vn quart pour
les affaires d'icelles, & l'autre quart aux Maiftres-Gardes en charge.

L X V.

Pour empefcher le grand prejudice qui arriue dans
la Profeffion dudit Eftat par le moyen de ceux qui
n'en ayant pas la connoiffance parfaite s'ingerent
neanmoins de faire fabriquer lefdites Etoffes d'or,
d'argent & foye, tant en leurs maifons qu'autres lieux,
& mefmes les expofent en vente fans auprealable eftre
veües & vifitées, d'où prouient quantité d'Etoffes mal
fabriquées, qui ont par le paffé decredité & donné
attainte à la reputation de la fabrique de ladite Ville
de Lyon, & pourroient l'aneantir à l'aduenir s'il n'y
eftoit pourueu; A ce fujet tres-important, eft ordonné
à tous Maiftres & autres particuliers Marchands qui
font prefentement trauailler en ladite Ville, Fauxbourgs, & Senefchauffée de Lyonnois, de donner
leurs noms, furnoms & demeure, & fe faire infcrire
fur les Regiftres, tant de l'Hoftel de ladite Ville de
Lyon, que de la **Communauté du Corps des Mar-**
chands

chands & Ouvriers de draps d'or, d'argent, & foye, tenus par les Maiftres-Gardes dudit Eftat en charge, pour eftre incorporez audit Eftat, bien qu'ils n'ayent fait Apprentiffage ; à la charge toutefois de juftifier par eux par Actes authentiques, ou par des certifications fignées des fix Maiftres en charge dudit Eftat, qu'ils ont trauaillé ou fait trauailler defdits draps d'or, d'argent, & foye, & autres Etoffes dependantes dudit Eftat, auant le premier Ianuier mil fix cens foixante-cinq, & ont depuis continué, & de l'affirmer par ferment pardeuant lefdits Sieurs Preuoft des Marchands & Efcheuins de ladite Ville de Lyon, fans que ceux qui ont commencé à trauailler, ou faire trauailler, feulement depuis ledit jour premier Ianuier mil fix cens foixante-cinq, puiffent eftre admis à ladite option, & incorporation, ny receus Maiftres qu'en faifant Apprentiffage à l'ordinaire, laquelle option tous ceux qui fe trouueront de ladite qualité requife pour ce faire, feront tenus d'y fatisfaire deux mois apres la publication des prefens Statuts & Reglemens ; quoy faifant ils feront cenfez & reputez Maiftres, Marchands, & Ouvriers dudit Eftat, & feront partie du Corps d'iceluy ; & en confequence de ce, figneront fur lefdits Regiftres leur option & foubmiffion de fatis-faire aux prefens Statuts & Reglemens, fur les peines y contenües, dont leur fera deliuré Acte en payant quatre liures pour tous droits, au profit de ladite Communauté, & vingt fols pour l'expedition dudit Acte, fans neanmoins que ladite option & incorporation

          puiffe

puiſſe priuer leſdits Marchands des Charges d'hon-
neur de ladite Ville ; & leſdits deux mois paſſez, ceux
qui ne ſeront regiſtrez, & incorporez, ne pourront
trauailler ny faire trauailler en leurs maiſons, ny ailleurs, qu'ils n'ayent au prealable fait Apprentiſſage de
cinq ans chez les Maiſtres, & trauaillé pendant cinq
autres années en qualité de Compagnons dudit Eſtat;
& autres que ceux qui ont fait ledit Apprentiſſage, ne
pourront faire trauailler en leurſdites maiſons aucuns
Ouvriers, cette faculté n'eſtant ſeulement donnée
qu'aux Maiſtres qui ont fait ledit Apprentiſſage de
cinq ans, le tout à peine de confiſcation de Marchandiſes, & de trois cens liures d'amande contre les contreuenans.

L X V I.

Outre les Conſeils de Police qu'on a continué de
tenir en ladite Ville de Lyon, il ſera encore tenu tous
les mois vn Conſeil de Police pour la Manufacture des
draps d'or, d'argent, & de ſoye en l'Hoſtel de ladite
Ville, pardeuant Meſſieurs les Preuoſt des Marchands
& Eſcheuins, auſquels les Maiſtres-Gardes & anciens
Maiſtres en charge, meſmes ceux qui auront paſſé cy-
deuant par les Charges aſſiſteront, comme auſſi quatre Marchands, ou Maiſtres dudit Art, ordinairement employez à faire appreſter, appareiller, & moliner les ſoyes, tous leſquels donneront leurs aduis
pour perfectionner leſdites Manufactures, & empeſcher les abus qui ſi commettroient, & ſera rendu compte

pte verbal par lefdits Maiftres-Gardes en charge de la geftion , & vifites qu'ils auront faites pendant le mois, & de tout en informer Monfeigneur Colbert Surjntendant des Baftimens du Roy, Arts, & Manufactures de France.

LXVII.

Et pour faire en forte que lefdits Maiftres-Gardes puiffent donner vne raifon precife de ce qui ce paffe efdites Manufactures, ils feront tenus de faire du moins fix vifites exactes & generales chaque année chez tous les Maiftres de l'Art, & autres lieux où fe peuuent commettre des contrauentions, fans y comprendre les Vifites particulieres qu'ils pourront faire en tout temps & à toute heure en cas de doute de contrauention, & s'ils trouuent des contreuenans en faifant lefdites Vifites, ils en feront leurs verbaux, & les Marchandifes defectueufes, & mal conditionnées, feront faifies & arreftées, fans aucun autre miniftere de Magiftrat ou autre Officier que du Confulat en cas de refiftance & de conteftation, pour eftre enfuite procedé ainfi que le cas le requerra ; comme auffi feront tenus lefdits Maiftres-Gardes de faire en chaque Vifite generale vn Roolle où feront écrits les noms & furnoms des Maiftres, fils, & filles de Maiftres, Compagnons & Apprentifs qu'ils trouueront trauaillans en ladite Ville & Fauxbourgs, enfemble la quantité des Meftiers, pour remettre lefdits Roolles, auec les Titres concernans les affaires de l'Art, à ceux qui leur fuccede-

                    ront

ront, & ce par Acte en forme en preſence de partie
deſdits Maiſtres de l'Art en rendant leur compte, à
peine de trois cens liures d'amande. Signez en fin
Claude Brunet, Pierre Pitaual, Claude Ramaize, Fre-
deric Geneuey, Pierre Chapoton, Iean Iaques Du-
rand, Iaques Nicolas Bruyas, André Bonnet, François
Sauge, Iean Denauy, Iean Broſſard, Louys Simple,
Iean Carteron, Claude Perſin, Gaſpard Vende, Iean
Alanette, Yues Malard, Marc-Antoine Roman, Pier-
re Chauſſat, Antoine Chirat, Claude Blanchet, Pierre-
François dit Neyret, Gabriel Couppier, Iean Eſpar-
ron, Claude Paleron, Brehiez, Thomas Berne,
François Gay, Philippe Berthelier, Iean de Beniere,
Noël Maupetit, Iean-Marie Bertrand, Galien Min-
guet, Durantet, Iean Reneuié, Barthelemy Lanard,
Pierre Pulignieu, Ialabert, Octauio May, Bernardin
Reynon, Iean Montaud, Flaua, Guerrier, Damette,
Sibu, Cabrier, Benoiſt Mercier, Iaques Reuerony,
Pierre Delaire.

LEs Preuoſt des Marchands & Eſcheuins de la Ville
de Lyon ayans veu les Reglemens & Statuts concernans le Commerce, Art, & Fabrique des draps or,
argent, & ſoye, & autres Etoffes meſlangées qui ſe
font dans ladite Ville & Fauxbourgs d'icelle, & dans
tout le Païs de Lyonnois, propoſez par les Maiſtres
dudit Art ; Auons, en tant qu'en nous eſt, ſoubs le
bon plaiſir du Roy, iceux approuué, & conſenty, ſup-
plians tres-humblement ſa Majeſté, & Noſſeigneurs
du

du Conseil , de les vouloir omologuer , pour estre obseruez cy-aprés selon leur forme & teneur , & sous les peines y indictes ; en témoin dequoy Nous Paul Mascranny , Escuyer , Seigneur de la Verriere , Preuost des Marchands , François Sauaron , Conseiller Secretaire du Roy & de ses Finances , Antoine Bellet, André Falconet , Sieur de S. Heruais , Conseiller & Medecin ordinaire du Roy , aggregé au College dudit Lyon , & Estienne Berton , Seigneur de Flacé , du Villards , & de Nequdois , Conseiller du Roy en ses Conseils , & en la Seneschaussée & Siege Presidial de ladite Ville , Escheuins susdits : Auons fait expedier ces presentes , icelles signées , fait contresigner par le Commis au Secretariat , & sceller des armes de ladite Ville & Communauté, le 19. jour d'Auril 1667. signez MASCRANNY , SAVARON , ANTOINE BELLET, FALCONET, BERTON, par Ordonnance du Consulat , signé RENAVD , & scellé. FAIT au Conseil d'Estat du Roy, sa Majesté y estant, tenu à S. Germain en Laye, le 13. jour de May 1667.

DEGVENEGAVD.

        EXTRAIT

EXTRAIT DES REGISTRES
du Conseil d'Estat.

E Roy s'estant fait representer en son Conseil Royal de Commerce les Reglemens & Statuts concernans le Commerce, Art, & Fabrique des draps or, argent, & soye, & autres Etoffes meslangées qui se font dans la Ville de Lyon, & Fauxbourgs d'icelle, & dans tout le Païs de Lyonnois, tirez des anciens Reglemens, augmentez, diminuez, ou corrigez, proposez & signez par les Maistres dudit Art, & approuuez & consentis, sous le bon plaisir de sa Majesté, par les Preuost des Marchands & Escheuins de la Ville de Lyon, par Acte estant au bas d'iceux du 19. Avril 1667. contenans soixante-sept Articles, ensemble les remonstrances faites à sa Majesté par aucuns Maistres dudit Art de la soye sur certains Articles desdits Reglemens. L'Omologation desquels Statuts & Reglemens, seroit fort vtile aux Habitans de ladite Ville, Fauxbourgs, & Païs de Lyonnois, & tres-aduantageuse au Commerce ; A quoy sa Majesté voulant pouruoir, oüy le rapport du Sieur Colbert, Conseiller en son Conseil Royal, Controlleur General des Finances, Surintendant des bastimens de sa Majesté, Arts, & Manufactures

nufactures de France. LE ROY ESTANT EN SON CONSEIL Royal de Commerce, A approuué & confirmé lefdits Reglemens & Statuts propofez & fignez par les Maiftres dudit Art de la foye, & confentis par les Preuoft des Marchands & Efcheuins de ladite Ville de Lyon le 19. Avril 1667. contenans foixante-fept Articles, qui feront attachez à l'expedition du prefent Arreft; ce faifant ordonne fa Majefté qu'ils feront omologuez par tout où il appartiendra, pour eftre gardez & obferuez felon leur forme & teneur, à l'exception de ce qui concerne les petits Velours feulement du prix de fept liures & au deffous, qui pourront eftre fabriquez de foye crüe meflée auec la cuite, nonobftant les deffences portées pour ce regard par le quatorziéme Article defdits Reglemens & Statuts; Et pour en faire la diftinction d'auec les autres Velours de pure foye cuite ; Ordonne fa Majefté que lefdits petits Velours feront marquez d'vn plomb, fur lequel fera infcrit petits Velours de foye crüe & cuite, à peine de confifcation de ceux qui n'auront ladite marque; & qu'à cet effet toutes Lettres neceffaires feront expediées, & cependant lefdits Reglemens & Statuts feront executez en vertu du prefent Arreft, aux modifications y contenuës, nonobftant oppofitions, ou appellations quelconques, & fans prejudice d'icelles; dont fi aucunes interuiennent fa Majefté s'eft referuée à foy, & à fon Confeil de Commerce, la connoiffance, & icelle interditte à tous autres Iuges. FAIT AV CONSEIL D'ESTAT DV ROY, fa Majefté y

eftant

eſtant , tenu à Saint Germain en Laye le treiziéme
jour de May mil ſix cens ſoixante-ſept.

DEGVENEGAVD.

LOVIS PAR LA GRACE DE DIEV
ROY DE FRANCE ET DE NAVARRE;
A nos chers & bien amez les Sieurs Lieutenant General, Preuoſt des Marchands &
Eſcheuins de la Ville de Lyon, & autres Iuges qu'il
appartiendra, Salut ; Par l'Arreſt dont l'Extrait eſt cy-
attaché ſous le contreſeel de noſtre Chancellerie, ce
jourd'huy donné en noſtre Conſeil d'Eſtat, Nous y
eſtant ; Nous auons approuué & confirmé les Reglemens & Statuts concernans le Commerce, Art, &
Fabrique des draps or, argent, & ſoye, & autres
Etoffes meſlangées qui ſe font dans la Ville de Lyon,
& Fauxbourgs d'icelle, & dans tout le Païs Lyonnois,
propoſez & ſignez par les Maiſtres dudit Art de la
ſoye, & conſentis par leſdits Sieurs Preuoſt des Marchands & Eſcheuins le 19. Avril 1667. contenans ſoixante ſept Articles, auſſi cy-attachez ſous le contreſeel de noſtre Chancellerie ; ce faiſant, ordonne qu'i-
ceux ſeront omologuez par tout où il appartiendra,
pour eſtre gardez, & obſeruez ſelon leur forme & teneur, à l'exception des petits Velours du prix de ſept
liures & aux deſſous, qui pourront eſtre fabriquez
de ſoye creüe, meſlée auec la cuite, nonobſtant les
deffences portées pour ce regard par le quatorziéme
Article,

Article defdits Reglemens & Statuts ; & cependant que lefdits Reglemens & Statuts feront executez en vertu dudit Arreft, à la modification y contenüe, nonobftant oppofitions ou appellations quelconques. A CES CAVSES Nous vous mandons & ordonnons par ces prefentes fignées de noftre main, de tenir la main chacun à voftre égard à l'execution dudit Arreft, & defdits Statuts & Reglemens y contenus ; Commandons au premier noftre Huiffier, ou Sergent fur ce requis, faire pour l'entiere execution d'iceux tous Exploits requis & neceffaires, mefmes lire, publier, & afficher lefdits Reglemens, Statuts & Arreft par tout où befoin fera, & ce qui fera par vous ordonné en confequence, fans autre permiffion, nonobftant oppofitions ou appellations quelconques, pour lefquelles ne fera differé ; & dont fi aucunes interuiennent Nous nous en referuons la connoiffance, & à noftre Confeil Royal de Commerce, & icelle interditte à toutes Cours & Iuges, & fera adjoufté foy comme aux Originaux, aux copies defdits Reglemens & Arreft, & de ces prefentes collationnées par l'vn de nos amez & feaux Confeillers & Secretaires ; CAR TEL EST NOSTRE PLAISIR. DONNE' à S. Germain en Laye, le 13. jour de May l'an de grace 1667. & de noftre regne le vingt-quatriéme. Signé LOVIS, & fur le reply, par le Roy, DEGVENEGAVD, & feellé.

Collationné aux Originaux par moy Confeiller Secretaire du Roy & de fes Finances.

EXTRAIT DES REGISTRES
de la Seneschauffée & Siege Prefidial de Lyon.

E N jugement defdits Siege & Seneschauffée, à jour de plaids & iceux tenans, les Reglemens & Statuts concernant le Commerce, Art, & Fabrique des draps or, argent & foye, & autres Etoffes meflangées qui fe font dans la Ville de Lyon, & Fauxbourgs d'icelle, & dans tout le Païs de Lyonnois, tirez des anciens Reglemens, augmentez & diminuez, ou corrigez, pour eftre obferuez à l'aduenir fous le bon plaifir de fa Majefté, & de Iuftice, & propofez par les Maiftres dudit Art ; l'Arreft du Confeil d'Eftat contenant l'Omologation defdits Statuts & Reglemens du 13. May dernier, figné DEGVENEGAVD, Commiffion pour l'execution defdits Reglemens dudit jour 13. May dernier, figné LOVIS, & fur le reply, par le Roy, DEGVENEGAVD, ont efté leüs & publiez ; de laquelle lecture & publication a efté octroyé Acte ; Ordonné que le tout fera enregiftré és Regiftres de ce Siege, pour y auoir recours quand befoin fera. FAIT à Lyon, Nous Mathieu de Scue, Baron de Flecheres, Seigneur de S. André du Coïng, Lymonnez, Villette & Efgrelonges, Confeiller du Roy en fes Confeils d'Eftat & Priué,

Priué, premier Preſident & Lieutenant General, Iean Baptiſte Dulieu , Lieutenant Particulier , Gaſpard Charrier, Lieutenant Particulier, Acceſſeur Criminel & premier Conſeiller, Maurice Doucette, Mathieu Pecoil, Daniel Cholier, Odet Croppet, Chriſtofle Liotaud, Iean Iaques Gayot, Guillaume Bollioud, & Pierre Terraſſon, Conſeillers du Roy, Magiſtrats en la Seneſchauſſée & Siege Preſidial dudit Lyon, ſeans le Vendredy cinquiéme Aouſt 1667. Collationné, Signé B E R A V D, Greffier.